Die Königin der Welt vor den Toren!

Dr. Georg Lomer

Verlag für hermetisches Wissen
Bahnhofstr. 240 • 44579 Castrop Rauxel • Deutschland
www.hermetischer-bund.de

Mein Dank geht an Peter Windsheimer für das Design des Titelbildes. Des Weiteren an Ariane und Michael Sauter.

Für Schäden, die durch falsches Herangehen an die Übungen an Körper, Seele und Geist entstehen könnten, übernehmen Verlag und Autor keine Haftung.

Castrop Rauxel • Germany

ISBN: 978-1-291-22272-2

Inhaltsangabe:

1. Das Fiasko des Mannes

Die Welt trägt ein Doppelantlitz, erscheint uns in einem Doppelaspekt, birgt in sich zwei Grundkräfte, aus deren Zusammenspiel, oft Gegeneinanderspiel ihr gesamtes Leben sich speist: Die Mannkraft und die Weibkraft. Mag sich dies in Positiv und Negativ, in Tag und Nacht, in Ja und Nein, in Aktiv und Passiv oder in zahllosen anderen Varianten äußern – immer liegt im Grunde der Dinge der große Gegensatz der Geschlechter. Er reicht bis ins Innere der Atome wie ins Herz der Sonnen- und Weltsysteme. Anziehung und Abstoßung, Liebe und Hass, Aufbau und Zerstörung sind sein Werk. Ja, ohne ihn wäre, so weit wir denken können, nichts Geschaffenes geschaffen. Die Aufhebung der Geschlechter, durchgeführt bis ins Herz der Dinge, käme dem Erlöschen oder der Erlösung der Erscheinungswelt gleich. Sie wäre der wahre und eigentliche Untergang dieser Welt.
In kurze Worte gefasst haben wir unter „Weibkraft“ das Empfangende und Gebärende, das Bewahrende, Verharrende, mehr passive Element, das materielle, dem Frieden dienende Prinzip zu verstehen, ohne das nichts, was da ist, Wesen und Bestand hat. Ihr Werkzeug ist überwiegend die Seele. Die „Mannkraft“ dagegen umfasst das Zeugende, Aktive, Kämpferische, verändernde und zerstörende Prinzip. Sein Werkzeug ist überwiegend der Geist. Man kann darum streiten, ob eine dieser Grundkräfte die primäre ist, ob beispielsweise, wie ich annehme, die Mannkraft ursprünglich nur Werkzeug und Wirkmittel der urtümlicheren Weibkraft ist. Für unser Wahrnehmungsvermögen jedenfalls stehen beide Großkräfte nebeneinander und müssen in einem gewissen Gleichgewicht sein, wenn das Wohl des Ganzen gewahrt bleiben soll.
Überblicken wir die Geschichte der Menschheit, so wechseln im Weltgeschehen Perioden des Mann-Übergewichts mit solchen des Weib-Übergewichts. Man kann sie mit dem Kreislauf des Frühlingspunktes gleichsetzen, der im Verlaufe eines „Großen“ oder

Platonischen, fast 26.000 Erdenjahre umfassenden „Jahres“ zwölf Äonen oder Weltenmonate von je 2160 Erdenjahren durchläuft. Jeder dieser, zuerst von den Griechen festgestellten Weltenmonate bringt einen vollen Umsturz der Menschheitsgeschichte in politischer, wirtschaftlicher, religiöser, rassischer Hinsicht. Jeder setzt mit gewaltigsten äußeren Umwälzungen und inneren Erschütterungen, mit Völkerwanderungen und Katastrophen ein. Jeder neue „Monat“ ist zum abgelaufenen gegensätzlich polarisiert, und immer lösen sich vorwiegend männlich bestimmte mit weiblich bestimmten Monaten ab. Ordnen wir sie nach den wohlbekannten Grundeigenschaften der zwölf Tierkreiszeichen, so lassen sich leicht die entsprechenden Belege finden, wobei zu beachten ist, dass der Zeiger dieses Großgeschehens rückwärts durch den Tierkreis schreitet.

In runden Ziffern lebte die Menschheit von 4000 bis 2000 vor der Zeitwende im Stierzeitalter: Verehrung des Apisstieres in Ägypten, „goldenes Kalb“ der Juden, Minotaurus in Kreta. Letzter Ausläufer die „heiligen Kühe“ im heutigen Indien. Es war ein weibliches Zeitalter, denn Venus „herrscht“ im Stier! Weibliches Denken gab den Ton an, Liebe und Genuss erfuhren verfeinerte Pflege, Kunst und Handwerk blühten, die Frau nahm eine gehobene Stellung ein. Kreta und Ägypten erlebten goldene Zeiten. Isis hatte den Vorrang vor Osiris.

Da nun in jedem Zeitalter auch das Gegenzeichen der betreffenden Achse betont wird und sich an zweiter Stelle durchsetzt, in diesem Falle der Skorpion, so bekam die Stierzeit unweigerlich auch einen Marseinschlag, denn der Skorpion ist ein Marszeichen. Der Forscher und Arzt, der Techniker, der Magier genossen besondere Wertschätzung: Pyramiden und andere Großbauten. Stets ist ja Mars ein guter Partner der Venus, wie schon die antiken Fabeln, aber auch die tägliche kosmologische Erfahrung beweisen. Die Pharaonen, priesterliche Eingeweihte mit magischen Vollmachten, genossen göttliche Ehren.

Es folgte von 2000 bis zur christlichen Zeitwende die Widderzeit, in der Mars zum Hauptherrscher wurde. Das war so recht die germanische Zeit, mit ihren Eroberungszügen um Neuland: Nord-China, Indien, Persien, Klein-Asien, Griechenland, Italien. Die vielumstrittene, immer wieder falsch gedeutete Irminsul (sie stand an vielen Orten, die bekannteste auf den Externsteinen bei Detmold) ist nichts anderes als das stilisierte Astrozeichen des Widders: V. Dass es auf den Externsteinen in dem bekannten Kreuzabnahme-Relief niedergebeugt, also entmachtet dargestellt ist, entspricht nur der kosmologischen Wirklichkeit: Seine Zeit war in der Tat längst abgelaufen. Der Gegenpol des Widders ist die Waage, wiederum ein typisches Venuszeichen, das Zeichen der ehelichen Liebe, der Gerechtigkeit, der Kunst und Lebensverfeinerung. Wo Germanen Reiche gründeten, entwickelten sie diese Grundsätze. Schönstes Beispiel: Theoderich der Große. So untreu wie der Römer, so treu war der Germane. Die römischen Kaiser stützten sich auf germanische Legionen und hielten germanische Leibwachen. So auch heute noch ihre Nachfolger, die Päpste, in Gestalt der Schweizer Garden. Kümmerliche Reste einstiger germanischer Herrlichkeit!

Hoch stand die Frau bei den Germanen in Ehren. Die noch immer umstrittene, von Hermann Wirth so stark verteidigte „Ura-Linda-Chronik“ berichtet von den Volksmüttern, die auf Burgen saßen und als Raterinnen, Richterinnen, Ärztinnen, Seherinnen größte Verehrung genossen. Die Römer machten sie, um das südwestliche Germanien besser zu beherrschen, zu Göttinnen.

Auf die männliche Widder- folgte die weibliche Fischezeit, die heute vor unseren Augen zu Ende geht. Die Fische sind das Zeichen der Mystik, der Vereinsamung, des Leides und der Hindernisse. Man nennt sie auch das Zeichen des großen Unglücks. Ihre positive Seite heißt: Charitas, Seelenpflege und Verinnerlichung. Ihre klarste geschichtliche Spiegelung war die überragende Stellung des Papsttums durch lange Jahrhunderte. Die weltlichen Herrscher waren in dieser Priesterära nur zweitrangige Mächte, über die man gegebenenfalls zur Tagesordnung überging. Ihre Kronen galten nur, wenn Rom sie segnete. Der Dalai Lama war das fernöstliche

Spiegelbild. Buddhismus und Christentum sind Parallelen. Beiden zu eigen sind Mönchtum und Rosenkranz, Weibverachtung und Körperhass, wobei man streiten mag, wer hier das Primat hatte.
Wie sehr die Fische weiblich sind, beweist noch heute die weibliche Tracht der Priesterschaft.
Das Gegenzeichen der Fische ist die Jungfrau, deren Hauptstern Spika, die Ähre, das Brot symbolisiert. Fischlein und Brot waren die Gaben, welche die Tausende bei den (nur geistig zu verstehenden) „Wunderspeisungen“ empfingen. Und wie sehr der Jungfraukult die christliche Ära beherrschte, lehrt noch heute ein Blick auf die katholische Kirche. Maria blieb jedoch stets die zweite Person, die anbetend vor ihrem Sohne, vor Christus kniete. Er, der leidende Sonnengott (vgl. die Dornenkrone, die Gefangennahme, Geißelung, Verhöhnung und Kreuzigung) ist so recht das Symbol des Fischezeichens, des zwölften im Ringe, das von jeher als „Haus der Gefangenschaft, der Verfolgung, des Leides und der Tränen“ galt. Der Mann also stand im Mittelpunkt der Ehrung im weiblichen Fischezeitalter, allerdings der gequälte, geschundene, der leidende Mann. Ist es, bei dieser Idealsetzung, ein Wunder, wenn die christliche Ära das ungeheuerlichste Fiasko des Mannes zeitigte? Nach ihren Zielvorstellungen formt sich eine Zeit. Glaubenskriege, darunter drei von dreißigjähriger Dauer, Bekehrungs- und Ausrottungsfeldzüge, die letztlich nur auf den Großraub fremder Schätze hinausliefen, grundsätzliche Verherrlichung des Krieges, der doch eigentlich nur ein Armutszeugnis diplomatischen Versagens ist, Inquisitionsmethoden, deren letzte Blüte die Zwangslager aller Art waren, Sadismus in tausendfacher Form, die Menschenquälung sozusagen als Kunst geübt, das war das Kennzeichen dieser Ära. Wurde für den Gekreuzigten nicht der Frieden der Völker immer aufs neue gekreuzigt? Wurden nicht die treuesten Bekenner einer reineren Menschlichkeit, die größten Träger einer wahrheitspflichtigen Forschung immer wieder zurückgedrängt, entmachtet, gefoltert und materiell oder gar körperlich vernichtet . . . ? Fürwahr, das Fiasko des überwuchernden, geil übers Ziel schießenden Mannestums ist

vollständig. Alles, was den Säbel anbetet, dient ihm. Alles, was die nackte, durch keine Geistigkeit gezähmte Gewalt will, ist ihm hörig. Alles auch, was das Weib missachtet und in die niedere Rolle drängt. Selbst Maria, die den Sohn anbetet, setzt letzten Endes das Muttertum in aller Welt herab.

Aber nun ist es genug mit den immer wiederholten Katastrophen, die der übersteigerten Mann-Kraft zu Lasten gehen. Wer die irdische Allmacht innehatte und sie zu nichts anderem zu gebrauchen wusste als zur Störung und Zerstörung der Weltharmonie, wird endlich Krone und Zepter verlieren. Der angemaßte Purpurmantel fällt. Und Drommetentöne leiten das neue Zeitalter ein, das – von starker, aber endlich gesundeter Männlichkeit erfüllt – eben darum vor der Weib-Gottheit die Kniee beugen wird. Die Polarität des Lebens wird in einer neuen Achse schwingen, vom Wassermann zum Löwen, seinem Gegenzeichen, und alles ausmerzen, was in der krankhaften und perversen Fische-Ära brüchig, faul und überständig geworden. Der ganze Mann wird zum ganzen Weibe streben und es auf den Thron seines Herzens setzen! (Löwe = Herz!). Die Kraft wird die Liebe und die Schönheit anbeten, und Weisheit wird ihren Bund segnen.

Wir stehen in der Tat – feierliches Geheimnis! – vor der Auferstehung des so lange gekreuzigten Lichtes, vor dem Siege des Lammes, um mit den Worten der Offenbarung zu sprechen. Das Lamm aber ist das Sinnbild einer Menschheit, welche der Gewalt abschwor und mit Hilfe der ihr geschenkten (oder geliehenen) Urkräfte (Atom!) die Erde umgestalten wird zum wahren Menschenland. Gottvater gab die Kraft. Gottmutter wird sie richtig leiten.

2. Die Verteufelung der Heimat und ihre Entteufelung

Nach den geheimen Lehren aller großen Kulturvölker ist der Urgrund der Schöpfung nicht neutral d. h. männlich-weiblich, sondern überwiegend weiblich. Die Mutternacht der Germanen, die vorolympischen unterirdischen Kulte der Griechen, das Tao der Chinesen sind Belege. Das Weib ist das Ens, der Mann das Accidens! Die Kabbalisten und Hermetiker (Eingeweihten) nannten das allem zu Grunde liegende Astrallicht „die Göttliche Jungfrau“. In allen Weltentstehungslehren wird die Jungfrau (nicht zu verwechseln mit dem gleichnamigen Himmelszeichen und Sternbild!) als das Sinnbild des Urstoffs, oder Uräthers, Akascha, als die große Leere des Raumes, die in Wahrheit ein Reich der Fülle ist, als weiblich bezeichnet und dargestellt. Sie, die „Jungfrau“, ist also der Ursprung der Wesen, den grenzenlosen Raum erfüllend, ja, sie ist in gewissem Sinne der Raum selbst und alles, was er (für unsere Sinne) enthält. Sie ist alles, was uns als „Natur“ entgegentritt, in Schönheit und Grausamkeit, in Blätterfall und Auferstehung, in Anziehung und Abstoßung. Das eindringende Christentum – „Weib, was habe ich mit dir zu schaffen!?“ – zerhieb mit dem Schwerte die heilige Verbindung des Menschen mit eben dieser Natur, indem es für böse erklärte, was doch gut und böse zugleich ist; was doch alles Lebendige aus sich heraus gebar und was doch allein die ewige Fortdauer alles Lebens verbürgt. Der erhabene Mutterschoß, aus dem Mann und Weib geworden sind. Der Quell, aus dem immer wieder das Leben sich speist und erhebt in ewiger Jugend und Unsterblichkeit!

Unsere Ahnen verehrten Haine, Quellen und Steine als Lebensäußerungen der allumfassenden Gottheit. Sie hatten also einen Naturkult, der auch den Sternenhimmel mit umfasste und in „Hel“ und „Walhall“ verschiedene Wege der seelischen Fortdauer des Menschen erblickte. Die Christen – das Gute und Richtige, das sie lehrten (Bergpredigt), sei anerkannt! – ersetzten ihn durch einen

Unnaturkult, indem sie an die Stelle des ewig Lebendigen und seiner herrlichen Göttersymbole – krass ausgedrückt: Einen Leichnam setzten.

In gleicher Linie lag es, wenn sie alle schönen und großartigen, alle lieblichen und zum Gemüte sprechenden Punkte unseres und anderer Länder kurzerhand dem „Teufel“ zuschrieben. Ich nenne nur einige. Da gibt es eine „Teufelsmauer“ in Blankenburg am Harz, eine „Teufelskanzel“ am herrlichen Werraknie zwischen dem Hanstein und Bad Sooden-Allendorf, eine „Teufelsbrücke“ bei Bad Sachsa, einen „Teufelsberg“ bei Hameln, und noch viele andere hervorragende Punkte der Heimatlandschaft, die dem Prinzip des Bösen zugesprochen wurden, ohne dass sich bis auf den heutigen Tag auch nur eine Stimme dagegen erhoben hätte! Der höchste Berg des Weser-Berglandes, der heilige Götterberg der Ahnen, muss sich die amtliche Herabwürdigung zum „Köterberg“ gefallen lassen, – eine Ohrfeige für jedes natürliche Gefühl. Wieweit haben wir uns von dem reinen Empfinden der Ahnen entfernt, die in den Naturmächten – den „Riesen“ der Edda – vornehmlich das erhebende, hilfreiche, mütterliche Element erkannten und ehrten, die ein innerliches Gemütsverhältnis zu dem großen übergeordneten mütterlichen Schoß besaßen, der uns alle gebar und uns alle wieder aufnimmt. Der in großen Weibgottheiten, Demeter, Kybele, Aphrodite und Frigga, Freya, Iduna und wie sie heißen, in „Frau Holle“ d. i. der Holden Frau, im Geheimnis des Hörselberges, in den „seligen Fräulein“ in Tirol, in den schönen wilden Frauen des Untersberges Gestalten schuf, die dieser Einstellung entsprachen und damit den großen Tatsachen der Wirklichkeit besser gerecht wurden, als die erbarmungslos alles Altheimische ausrottenden ersten Christen . . . !

Machten sie nicht aus dem lieblichen Frau-Hollen-Tal bei Albungen (nahe Eschwege) ein „Höllental“, aus dem großartigen Plateau zwischen Atter- und Traunsee (Salzburger Kalkalpen) ein „Höllengebirge“, mit dem „Höllenkogel“ als höchster Erhebung! Bekannt sind auch die „Höllentäler“ bei Garmisch mit der „Höllentalklamm“, sodann im Unteren Selbitztal (Nebenfluss der

Saale) in Thüringen und endlich das „Höllental“ im südlichen Schwarzwald, dessen wildester Teil der „Höllenpass“ ist. Die Höllentalbahn durchquert diesen an Naturschönheiten besonders reichen Fleck der Erde.

Zahllose Punkte unserer Heimat, die sich durch ganz besondere, ans Herz greifende Schönheit oder Großartigkeit auszeichnen, hat man mit dem Stempel der Verruchtheit versehen, gleichsam um nur ja seinen Bewohnern den Geschmack daran zu verderben. Dennoch aber ist Tannhäuser, zurückgestoßen von den allzu Selbstgerechten, heimgekehrt in den Schoß des Hörselberges, um an den Brüsten der Heimat und ihren schützenden Urkräften zu gesunden. Kyffhäuser und Untersberg sind andere Sagen-Mittelpunkte von tieferer Bedeutung. Der „Kaiser im Berge“ – das ist das uralte kosmische Glaubenswissen, der Schatz im Acker, der verlorenging und nun von den „Kindern der Witwe“ sehnsüchtig gesucht wird, bis die Stunde schlägt. Und schon trägt der Kyffhäuser sein großartiges Mahnmal des Gewesenen und ewig Seienden, solange es ein deutsches Volk gibt!

Nicht Sehenswürdigkeiten allein sind diese Dinge, die in jedem Bädeker stehen, sondern heilige Orte, um die sich das Gemüt des Volkes ganz mit Recht rankt. Nicht von ungefähr haben andere große Völker auch heute noch ihre heiligen Berge, so die Japaner ihren Fujijama, zu dem zu pilgern noch heute fromme Pflicht ist. Fürwahr, es wird Zeit, dass in unserem Erdteil die Welle der Erlösung endlich die starre Steinwand der Gewohnheit überwinde und alles hinwegspüle, was besserer Erkenntnis nicht mehr standhält. Der bewussten Verteufelung der doch für uns hingesetzten Gotteszeichen und Naturdenkmäler muss endlich, endlich die Befreiungstat ihrer Entteufelung folgen, die alles wieder zurechtrückt.

3. Von der Gottesmutter zur Gottmutter

Auch andere Völker haben diesen Vorgang der Verteufelung ihrer heiligen, von der Gottheit gezeichneten Orte erlebt. Unser „Hexentanzplatz“ (bei Thale im Harz), auf dem einstmals heilige Frauen hausten, hat in aller Welt zahlreiche Leidensgefährten. Diesen großen Umwandlungs- prozess in allen Einzelheiten aufzuspüren und nachzuweisen, ist schwer. Sorgfältig hat die streitende Kirche alle Spuren des Geschehenen getilgt. Immerhin wissen wir, dass manche ihrer Heiligen Tarnungen der alten Götter sind, wie sich schon aus den Legenden ergibt. St. Oswald in Tirol ist kein anderer als Wodan, die heilige Brigitte hat Frigga beerbt. Die Heiligen traten sozusagen als lebendige Träger in die alten Traditionen ein. Und ist nicht St. Ignatius, der Stifter des Jesuitenordens, zu Lebzeiten spanischer Hauptmann, noch heute ein vortrefflicher Vertreter des Mars, als sozusagen amtlicher Patron der Krieger? Kein Orden bekennt sich wie dieser zum Grundsatz eines kämpferischen Christentums, das die Ausmerzung der Ketzer an erster Stelle auf seine Fahne schrieb.
Weit mehr verraten uns die Orte, an welche die vordringende Kirche ihre Kirchen, Dome und Andachtsstätten, Kapellen und Klöster mit großer Vorliebe zu legen pflegte. Sie wählte dazu immer gerne die Stätten alter „heidnischer“ Kulte. Wir brauchen nur diesen Spuren nachzugehen, um, wenn Glück uns begünstigt, die wichtigsten Findungen zu machen. Steht nicht die Peterskirche in Rom auf den Grundmauern eines alten Mithrastempels? Fand man nicht unter dem großartigen Kölner Dom die Grundmauern eines römischen Merkurtempels, der sozusagen die römische Entsprechung des germanischen Wodan war? Bei Upsala in Schweden, heute die erzbischöfliche Zentrale, stand noch im 11. Jahrhundert ein großer Tempel in voller Pracht mit dem ewig grünen Baum und den Opferquellen. Und so ähnlich verhält es sich bei zahllosen anderen Kirchen und Kathedralen . . . Eine besondere Rolle spielen überall in christlichen Landen die Marienkirchen; sie sind als Gegen- und

Seitenstücke zu den wesentlich der Mann-Gottheit (Gottvater, Christus) dienenden Kirchen der Weib-Gottheit d. h. der ewig jungfräulichen Gottmutter gewidmet. Der Katholik gebraucht hier den Ausdruck „Mutter Gottes", womit gesagt ist, dass er Christus als Gott betrachtet. Er weiß aber nicht mehr, dass hier kein anderer als der Sonnengott „eigentlich" gemeint ist. Die alten Kirchenväter wie Tertullian und Origenes wussten es noch. Sicher aber ist „Mutter Gottes" ein engerer Begriff als Gottmutter. Wird es der Welt-Größe des Gegenstandes nicht besser gerecht, wenn wir den weiteren Begriff wählen?! Sehr mit Recht sind diese Marienkirchen so oft die schönsten, herrlichst ausgestatteten Kirchen des Ortes. Immer und überall hat das Herz der Völker mit besonderer Inbrunst an diesen Verehrungsstätten gehangen, und man kann nicht daran zweifeln, dass sich der gesamte Marienkult, mit seinen vielen Schönheiten und volklichen Varianten, aus tiefem Volksverlangen nach der uralten Muttergottheit entsprungen, unmittelbar aus den Kulten der Isis, Demeter, Kybele, Magna Mater, Frigga, Ostara und wie die Tausendnamige immer geheißen haben mag, entwickelt hat. Es ist fürwahr ein weiter Weg, der vom ausgehenden Altertum mit seinen sinkenden Götterkulten bis in die Neuzeit zurückgelegt worden ist. Vom Konzil zu Ephesus im Jahre 431, das die Jungfrau Maria gleichsam von Amts wegen zur „Theotokos" d. h. Gottesgebärerin erklärte, bis zu ihrer Erklärung als „Keimzelle der Kirche" und dem von Jesuiten unternommenen Versuch, den „Kult des heiligsten Herzens Jesu durch die Verehrung des unbefleckten Herzens Mariens zu ergänzen" (vgl. Otto Semmelroth S. J., Urbild der Kirche, organischer Aufbau des Mariengeheimnisses, 1948), hat sich eine Entwicklung vollzogen, die heute noch keineswegs abgeschlossen ist. Ich habe auf etliche Stufen dieser hochinteressanten und überaus wichtigen Entwicklung bereits in meiner Schrift „Die große Heimkehr" (1940) hingewiesen. Ihre vorletzte Stufe war die Verkündung des vielumstrittenen Dogmas von der „Unbefleckten Empfängnis" das am 8. 12. 1854 von Pius XI. verkündet wurde. Ihre letzte Stufe, die fast 100 Jahre später am 1. November 1950

ausgesprochene Verkündung des Dogmas der „Aufnahme der Unbefleckten Gottesmutter und immerwährenden Jungfrau Maria mit Seele und Leib in die Himmlische Herrlichkeit“ durch Pius XII., der sein Pontifikat ausdrücklich „unter den besonderen Schutz der heiligen Maria“ gestellt hatte. Die Verlesung dieser sehr wichtigen Bulle wurde noch durch einen weiteren Akt besonders unterstrichen: Am 4. November 1950 krönte der Papst in den Grotten seiner Peterskirche ein Madonnenstandbild des Hauptaltars mit einer goldenen Krone, die ihm die französischen Katholiken ein Jahr zuvor anlässlich seines goldenen Priesterjubiläums überreicht hatten.
Es wird wenige Menschen geben, die den vollen mystischen Sinn dieser Handlung erfasst haben. Und doch liegt er auf der Hand. Zu diesen Wenigen gehört die deutsche Dichterin Ina Seidel, die in ihrem Buch „Ins Herz der Dinge“ schreibt: „Der Tag wird kommen – und er muss kommen, da die Tränen der Frauen stark genug sein werden, um gleich einer Flut das Feuer des Krieges für ewig zu löschen. Der Tag, da der Geist – die Taube – unter dem heiligen Regenbogen über der wiedergeborenen Erde schwebt – und dann . . . dann setzt der Sohn der Mutter die Krone aufs Haupt . . .“
Nun beachte man folgendes: Die Krone des Papstes, die Tiara, trägt die stolze Inschrift: „Vicarius filii Dei“ d. h. „Stellvertreter des Sohnes Gottes“, worunter der Katholik natürlich Christus versteht. Nehmen wir den Ausdruck „Sohn Gottes“ jedoch nicht historisch, sondern als Bezeichnung für „Sonne Gottes“, die ja in der Tat der für uns an den Himmel gestellte, unser Leben bedingende und erleuchtende „Sohn Gottes“ ist, so beansprucht also der Papst für sich die Rolle seines Stellvertreters und Statthalters. Dieser Statthalter nun setzt zwar nicht seine Tiara – dann würde ja Maria zur Päpstin – sondern eine ihm gehörige Krone der Jungfrau-Mutter aufs Haupt. Er tritt also an sie ein stolzes Herrschaftssymbol ab. Sieht das nicht wie eine genaue Erfüllung des seherischen Dichterwortes aus? Es ist sozusagen die symbolische Bestätigung oder die amtliche Erhärtung der Gebetsanweisung, die Maria anspricht als „Hehre Königin des Himmels, höchste Herrin der Engel“, die „von Anbeginn

von Gott die Macht und die Sendung erhalten, den Kopf des Satans (also des Bösen!) zu zertreten." Die feierliche Krönung Mariens in einem (sozusagen) Staatsakt bedeutet also nichts Geringeres als die Abtretung des Herrschaftsprinzips durch den Mann-Gottvertreter an die weibliche Großkraft: Gottmutter. Von Rechts wegen sollte damit ein grundsätzlicher Wechsel des religiösen Programms verbunden und die Überleitung zur neuen Weltära gefunden sein. Vom Krieg zum Frieden, von der Ecclesia militans zur Ecclesia orans et amans d. h. zur betenden und liebenden Kirche, zur Kirche der Liebe. Ja auch ein Wandel der äußeren Verehrungsformen, die endlich das blutige Symbol des hingeschlachteten Sohnes, des gekreuzigten Lichtgottes, aufgibt und den zu neuer Kraft verjüngten Auferstandenen an die Stelle setzt. Aber auch ihn nur als empfangenden Sohn, als Kind der Allmutter, die ihre Gnadenfülle aus liebender Seele allen Geschöpfen zuteil werden lassen will. „Mögen alle Wesen schmerzfrei sein!" betet der Buddhist. Noch aber fehlt die Stimme der christlichen Zentrale im Chore der ernstlich Friedenswilligen, noch harrt die Welt der ersten wirklichen Schritte der maßgeblichen, irdischen Mächtigen auf dem Pfade zur Versöhnung der Welt!
Das neu verkündete Dogma von Mariens leiblicher Himmelfahrt, dem reinen Verstande ein Ärgernis, überhaupt nur verständlich aus kosmologischer Schau, birgt also einen tiefen grundsätzlichen Kern und Sinn, den zu entwickeln und folgerichtig auszubauen die Aufgabe der nächsten Jahrzehnte sein sollte! Fürwahr ein stolzer Weg zu einem großen Ziel.

4. Was Lourdes mich lehrte

Auch die anderen Länder der christlich werdenden Welt haben den Vorgang der Verteufelung ihrer alten Heiligtümer durchgemacht und erlitten. Auch sie haben begonnen, die Auferstehung des Alten in neuer Form zu erleben. In der Geschichte des Wallfahrtsorts Lourdes im Pyrenäengebiet haben wir ein gutes Beispiel. Die Grotte Massabielle am Gavefluss in Nachbarschaft des „Spelunkenberges“, war ursprünglich ein verrufener Ort, „wo die Schweine fressen“,– gemieden von den „Anständigen“, – der beste Hinweis auf seine einstmalige Rolle. Der ältere Name von Lourdes: Miriambelle d. h. etwa mit „Schönmarien“ oder „Marienschön“ zu übersetzen, ist ein weiterer Hinweis, dass hier schon früher einmal ein Verehrungsort der Weibkraft, zuletzt im christlichem Gewande gewesen sein muss. Die Savy, ein kleiner Nebenfluss, deutet auf den Wasserreichtum des Ortes. Zu den Bergen, Bäumen und Quellen hat die Allmutterkraft von jeher die innigsten Beziehungen gehabt. Daher verbot Karl der Franke die Verehrung gerade dieser Stätten. So ließ er auch die große Quelle in Pyrmont verstopfen, deren Strahl aber nicht auf die Dauer unterdrückt werden konnte! Nicht uninteressant, dass auch hier ein einstmals heiliger Berg heute mit einem „Spelunkenturm“ besetzt ist. An dieser Grotte Massabielle nun hatte die kleine Müllerstochter Bernadette Soubirous am 11. 2. 1858 ihre erste Erscheinung. Eine Vierzehnjährige, nicht von ungefähr am gleichen Tage (7. Januar) geboren wie Jeanne d´ Are, die „Jungfrau von Orleans“ (geb. 7. 1. 1412), die heute sozusagen Frankreichs Nationalheilige ist, wenig begabt als Schülerin, versonnen und eigenbrödlerisch, erblickt eines Tages im Portal der Felsgrotte eine „Dame“, etwa wie eine vornehme Braut gekleidet; ein Schleiermantel vom Kopf bis zu den Knöcheln, breiter, blauer Gürtel, blauäugig, braunhaarig, bloßfüßig; goldene Rosen über den Wurzeln der großen Zehen. Sie erblickt sie im Zustande der Entrückung in äußerster Beglücktheit und mit dem Gefühl ältesten Verbundenseins. „Ein erhabenes Frauenantlitz, das alle Leiden der Welt einschließt.“ Die Vision ist so stark, dass sie in dieser katholischen Umwelt rasch überzeugt. Gläubige und Ungläubige erliegen dem Zauber. Mit wachsender Leidenschaft nehmen sie Anteil und verfolgen alle Gespräche, die sich zwischen dem Mädchen und der seherisch geschauten Gestalt entwickeln. Die „Dame“, den Dialekt des Landes sprechend, nennt sich „die unbefleckte Empfängnis“, sie verlangt Prozessionen, sie fordert Bernadette auf: „Geh zur Quelle und wasche dich!“ Aber da ist keine Quelle, so eifrig sie auch mit den kleinen Händen gräbt. In kläglichem Fiasko scheint alles enden zu sollen. Da – als die kleine Seherin kaum den Rücken gewendet – schießt ein Strahl lebendigen Wassers aus dem Felsen. Man fasst ihn, schützt ihn vor dem Zugriff der weltlichen Behörde, die klerikale Machenschaften wittert. Aber auch vor dem zweifelnden Unglauben der Kirchenstellen. Freie Bahn schafft erst das Machtwort Napoleons III. Die Skeptiker verstummen allmählich vor den erstaunlichen Heilwirkungen des neuen Wassers. Lourdes entwickelt sich zum größten Wallfahrtsort des gesamten Katholizismus, mit sieben- bis achthunderttausend Pilgern jährlich, 1950 waren es mehr als drei Millionen! Bernadette verwandelt sich zur Schwester Marie Bernarde im Kloster von Sainte Gildarde, wo sie auch stirbt. Die Grotte aber wird zum zentralen Heiligtum, endlich von den höchsten Kirchenbehörden anerkannt und hochgeehrt, denen das Volk von Bigorre erst den Weg hat weisen müssen. Die einfache Bernadette, die begnadet war, die „Quellnymphe der Grotte“, wie die aufgeklärten Wissenschaftler, die „Mutter Gottes“, wie die katholischen Gläubigen sagen, in heiliger Entrückung zu schauen, – und beide haben recht! – wird, als die Zeit erfüllt ist, selig gesprochen (1925), sie wird heilig gesprochen (1933), und das „Bernadette, bitte für uns!“ ist zum Standgebet der Massen geworden, die jahraus jahrein zur Grotte Massabielle wallfahrten. Hier ist in der Tat altes „heidnisches“ Wissen um die wahren Zusammenhänge wieder lebendig geworden, wenn auch im christlichen Gewande. Statt sich an Bernadette als Mittlerin zu wenden, kann das betende Gemüt natürlich auch den direkten Weg zur Allmutter wählen. Es gibt tausend Kanäle, um das Weltgemüt zu finden und zu rühren. Welchen von ihnen ein trostsuchendes Herz wählt, ist Sache des Geschmacks und des Vertrauens, vielleicht auch der Reife.

Auf eins aber sei hingewiesen: Immer und überall sind es weibliche Heilige, die als Hort des Erbarmens und der Hilfe angerufen werden, wie ja auch Allmutter selber wesentlich als weibliche Urkraft der Welt verstanden werden muss. Von ihr aus fließt der Born des Heils. Ihre Hand spendet den Trost, dessen das wunde Herz der Völker bedarf. Ihr Hauch heilt die Wunden, welche die männliche Teilkraft schlug. Die Wallfahrtsorte, die männlichen Heiligen zugeordnet sind, fallen demgegenüber gar nicht ins Gewicht.

5. Marienerscheinungen und Wallfahrtsorte

Das Wallfahrtswesen ist so alt wie die großen Kulturvölker selbst. Schon Inder, Perser, Griechen, Römer unternahmen Reisen nach fernen Tempeln. Juden nach Jerusalem zu den hohen Festen. Mohammedaner noch heute nach Mekka und Medina. So auch die Tibeter nach ihrer heiligen Stadt Lhasa. Die Germanen machten „Waldfahrten" (daher der Name) nach heiligen Hainen, und diese gingen allmählich, etwa seit dem vierten Jahrhundert, in den christlichen Brauch über, die Gräber der Märtyrer aufzusuchen. Statt der Gottesehrung in seinen herrlichsten Werken trat also zeitweilig die Verehrung von Staub und Asche, obwohl es in den christlichen Lehren selber heißt: Der Geist macht lebendig, das Fleisch ist nichts nütze!

Dabei blieb es aber nicht: Ganz allmählich setzte sich die alte Naturinnigkeit der Völker wieder durch, und immer war es das Gottmütterliche, das weibliche Element, das zum Gegenstand besonderer Mittlerschaft und Ehrung wurde und das besondere Vertrauen des Volkes besaß. Zwischen dem 1637 neugestifteten Marienbrunnen in Altötting (also auch hier: Lebendiges Wasser!) und der Gnadenkapelle stand einstmals eine berühmte uralte Linde, die leider bei der Grundsteinlegung der Wallfahrtskirche gefällt worden ist. Nicht umsonst war hier ein Amtshof des durch Kaiser Karl gestürzten Bayernherzogs Tassilo. Nicht umsonst wurde es königlicher Lieblingssitz und erlebte seine erste Blütezeit, die mit dem Einfall der Ungarn 911 ihr Ende fand. Nach drei „dunklen" Jahrhunderten hebt 1228 seine neue Epoche an, die 1489 in die noch heute lebendige Wallfahrtsära überging. Interessant ist der Umstand, dass Altötting eine „schwarze Madonna" hat, deren Tradition schon damit sichtbar an den alten Isiskult anknüpft.

Nächstdem ist das Gnadenbild zu Werl in Westfalen besonders erwähnenswert (13. Jahrhundert), das die „Trösterin der Betrübten" als Königin auf dem Throne darstellt. Nicht weniger als 140.000

Pilger kommen jährlich zu ihr.
Als der 30jährige Religionskrieg (1618—1648) zu Ende ging, entstand (1642) auf Grund der Vision einer frommen Frau und eines Hörbefehls ihres Mannes der Wallfahrtsort Kevelaer im Rheinland, der sich um ein kleines Muttergottesbild kristallisiert. Schon 1707 wurden 300.000 Pilger im Jahre gezählt. 1742 kamen 30—40.000 Menschen an einem Tage. Der (protestantische) Preußenkönig Friedrich Wilhelm I. besuchte den Ort zweimal (1714 und 1738). Er opferte eine große Kerze und ließ sich für seine katholischen Soldaten Gebetbücher und Rosenkränze geben. 1728 stiftete er gar eine 60 Pfund schwere Kerze, der ein Schild mit seinem Wappen und einer die Mutter Gottes verehrenden Aufschrift beigefügt war. Als im Jahre 1802 durch staatlichen Eingriff die Gnadenkapelle geschlossen wurde, erzwang das Volk schon am nächsten Tage (5. Juli) die Wiedereröffnung. Wallfahrtsorte entstehen und bestehen aus seelischen Bedürfnissen des Volkes. Groß ist der Hunger nach Hoffnung, Trost und Erbarmen. Und wer könnte sie besser geben, als die Königin der Barmherzigkeit, die große Weibgottheit, die sich an oben genannten Orten hinter der katholischen Maria verbirgt und ohne deren lindernde Hand die Menschenwelt in männischem Überstolz und abstoßender Härte erstarren würde!
Nun ist in jüngerer Zeit eine neue Welle der Offenbarung kosmischer Weibkräfte im Anrollen, welche die allergrößte Beachtung verdient und nicht eher zur Ruhe kommen wird, als bis sie ihre vorbestimmte Erfüllung gefunden hat. Schon im vorigen Jahrhundert setzte diese Welle ein. Ich greife nur ein paar wichtigere Glieder aus der großen Kette der Erscheinungen heraus. Kirchlich anerkannt ist die Marienerscheinung, die der jüdische Jurist und Freigeist Alphons Ratisbone aus Straßburg im Januar 1842 auf einer Romreise hatte. Sie war so eindrucksstark, dass er konvertierte und, obwohl kurz vor der Heirat stehend, Priester wurde. Die Echtheit seines Erlebnisses wurde nach strengster Untersuchung durch Dekret vom 3. 6. 1842 anerkannt. Fast gleichzeitig 1836/37 kam es zu den Marienvisionen des Hirtenmädchens Melanie in La Salette, einem verlorenen

Alpenweiler in der Dauphine. Ein Hirtenmädchen wie Jeanne d´Arc und Melanie war auch Anglaise de Sagazan in der Gascogne, das mehrfach beglückt wurde. Weniger bekannt wurde Catherine Labourde in Saint-Severin. Es steht damit in innerem Zusammenhang, dass das Dogma von der „Unbefleckten Empfängnis“ – stets ist die Natur Ewige Jungfrau und Mutter zugleich! – am 8. 12. 1854 verkündet wurde.
Die Hauptwelle der Erscheinungen setzte aber erst jetzt, im 20. Jahrhundert ein. Sie begann mit den Erscheinungen zu Fatima in Portugal, die am 13. Mai 1917 einsetzten und sich nach jedesmaliger Ankündigung immer am 13. bis zum 13. Oktober wiederholten. Die 7-jährige Jacinta Marios, ihr 11-jähriger Bruder Franz und die 10-jährige Lucia Dos Santos waren die ersten Erlebenden oder Zeugen. Den zweifellos medialen Kindern wurden bei dieser Gelegenheit „Geheimnisse“ anvertraut, deren letzter Teil nicht vor 1960 bekanntgemacht werden soll. Besonders bemerkenswert ist das Monate vorher angekündigte sogenannte „Sonnen- wunder“, dem – nach den Berichten – 70.000 Menschen aller Stände beiwohnten. „Die Sonne“, so schrieb Professor Dr. Garrete aus Coimbra, „schien in schwindelnder Bewegung zu sein. Sie drehte sich in rasender Geschwindigkeit um sich selbst . . . , löste sich vom Firmament, stürzte blutrot auf die Erde und drohte uns unter der Wucht ihrer ungeheuren Feuermasse zu zerschmettern! Alle diese Phänomene habe ich selbst beobachtet, kalt berechnend, ohne verwirrt zu sein. Ich überlasse es Anderen, sie zu erklären oder zu deuten.“
Ein ähnliches „Sonnenwunder“ begab sich im Herbst 1949 in Thurn-Heroldsbach (Oberfranken). Ehe wir darauf eingehen, seien aus anderen Orten eine Anzahl von Erscheinungen vermerkt, die von sich reden machten. Da sind vor allem die Erscheinungen von Heede im Emsland, die seit November 1937 beobachtet sind, und zwar wiederum zuerst von 4 Mädchen im Alter von 12 bis 14 Jahren. Sie sahen auf dem Friedhof und an 15 anderen Stellen die Mutter Gottes auf blauweißer Wolke einen Meter über der Erde, in weißem Gewande, den Kopf verschleiert, auf dem Haupte eine reich verzierte

goldene Krone, auf der linken Hand das Jesuskind. Dieses trug in der rechten Hand eine goldene Kugel, aus der ein goldenes Kreuz herausragte. Dauer der Erscheinung 3 bis 30 Minuten. Die Erscheinungen setzten sich bis November 1940 fort, wobei eines der 4 Mädchen, Grete Ganseforth, sich als besonders begnadetes Medium erwies. Auf die Frage, als was die Himmelsmutter verehrt werden wolle, antwortete sie: „Als Königin des Weltalls und Königin der armen Seelen".

Die Kinder, einfache Landkinder, schienen während der Vision in einem leicht veränderten Bewusstseinszustand; ihr Verhalten war unabhängig vom Wetter, sie knieten auch bei sehr rauher Witterung sowie bei Schnee und Regen auf dem Boden im Freien. Die kirchlichen Stellen, auch die Ortsgeistlichkeit, verhielten sich zunächst völlig skeptisch und ablehnend. Endlich aber, unter dem Druck der Tatsachen und der Volksmeinung, gab die Kirchenbehörde nach. Am 29. 9. 1940 wurde die gesamte Diözese Osnabrück feierlich der Gottesmutter geweiht. Und Weihnachten 1949 wurde ihr als der Regina Universorum (Königin der Welten) eine Statue errichtet. Es sieht fast so aus, als solle die Voraussage der Seherin Anna Katharina Emmerich aus Dülmen in Westfalen (gestorben 1824) Wahrheit werden, dass nämlich in Westfalen ein großer Wallfahrtsort erstehen werde.

1946 sind Erscheinungen in Pfaffenhofen bei Neu-Ulm zu vermerken. Drei Mädchen gehen in den Wald, um den rechten Platz für eine Marienkapelle zu suchen. Die 14-jährige Bärbel hört sich rufen und sieht plötzlich eine Frau, die zu ihr spricht. Sie fragt: „Wer sind Sie denn? Woher wissen Sie das?" Die Erscheinung kehrt mehrmals wieder, und es entwickeln sich lange Unterhaltungen. „Dort, wo das meiste Vertrauen ist", sagt die Erscheinung, „und wo den Menschen gelehrt wird, dass ich alles kann, werde ich den Frieden verbreiten. Denn, wenn alle Menschen an meine Macht glauben, wird Friede sein!" Bald darauf wird am selben Orte, jetzt „Marienfried" geheißen, die Kapelle errichtet. Ein den Kindern gegebenes Wahrzeichen trifft ein: Auf dem Wege von Pfaffenhofen

nach Buren treffen sie einen Lebensmüden, dem sie den Lebensmut wiedergeben (er hängt seinen Strick an der Kapelle auf).
1947 bringt den Fall von Tre Fontane bei Rom. Der Tramschaffner Bruno Cornacchiola macht mit seinen drei Kindern einen Frühlingsausflug. Während der Vater mit der zehnjährigen Isola und dem siebenjährigen Carlo nach einem verlorenen Ball sucht, fällt ihm auf, dass der in einer Grotte zurückgebliebene Gianfranco nicht antwortet. Zurückeilend findet er das Kind, das ganz ungläubig erzogen ist (er selbst ist Adventist), mit gefalteten Händen knieend und ekstatisch lächelnd immer wiederholend: „Bella Signora! Bella Signora!" (Schöne Dame, schöne Frau!). Gleich darauf sehen auch die anderen Kinder und sodann er selbst die Erscheinung, die beschrieben wird als orientalischen Typs, schwarzhaarig, olivfarbenen Gesichts, weißes Gewand, grüner Schleier, rosafarbener Gürtel. Die Erscheinung spricht über eine Stunde mit dem Manne, dessen Erschütterung so groß ist, dass er zu seiner alten Kirche zurückkehrt. „Ich bin", sagt die Erscheinung, „die Jungfrau der Offenbarung. Tritt ein in den heiligen Schafstall, den himmlischen Königshof auf Erden!" In der Grotte ist ein seltsamer Wohlgeruch wahrnehmbar. Regelmäßig besucht sie der Mann, um zu beten, und erlebt die Erscheinung noch dreimal.
Auch in Österreich sind Erscheinungen verzeichnet. So am Semmering (drei Mädchen) und in Aspang (1948).
Wiederum eine Grotte ist Ort der Erscheinung zu Fehrbach in der Pfalz, wo die zwölfjährige Senta Roos (am 12. 5. 1949) beim Holzsammeln im Walde eine blonde Frau im weißen Gewand und weißen Schuhen erblickte. Die ganze Gestalt, die eine gezackte, hellleuchtende Krone trug, stand in hellem Lichte, wie in einem Schleier. Um die Hände schlang sich ein goldener Rosenkranz. Sie nennt sich auch hier die „Unbefleckte Empfängnis", verspricht dem Kinde ihren Schutz, und sie sei gekommen, um viele Sünder zu bekehren. Regelmäßig besucht das Kind allabendlich die Grotte, und langsam scheint sich auch hier, wiederum ohne Beteiligung der Geistlichkeit, eine Verehrungsstätte zu entwickeln. Mehrfach will

man auch hier das „Rotieren der Sonne“ gesehen haben, doch stets nur einige Menschen.
Die bis 1950 letzte Erscheinungsreihe wird aus Südkirchen im Münsterland gemeldet, wo die Mutter Gottes der zehnjährigen Agnes Rother und ihrer Freundin im August 1950 fünfmal erschienen ist. Zuerst am 8. August. Schon am 10. August standen über 100 Menschen singend und betend an dem Erscheinungsort, einer Hecke. Auf die Bitte, sich doch allen sichtbar zu zeigen, bilden sich am Himmel drei riesige Kreuze, „als ob sich die Wolken öffnen“. An Stelle des Mittelkreuzes entsteht eine Öffnung, in der wiederum Maria erscheint. Und jetzt wird sie zum ersten Male auch von einer Erwachsenen gesehen. „Ich kenne die Kinder alle“, sagt der Ortspfarrer, „sie sind alle durchaus normal veranlagt und haben keinerlei seelische oder geistige Störungen. Keines hat eine besonders ausgeprägte Fantasie. Kerngesunde Bauernkinder!“
Mit diesem Beispiel mag es sein Bewenden haben. Das Gemeinsame aller dieser Erscheinungen liegt auf der Hand. Eine schöne und erhabene, lichtumflossene Frauengestalt wird geeigneten d. h. medial (seherisch) begabten Kindern, seltener Erwachsenen, im Entrückungszustand oder auch ohne diesen sichtbar, kehrt wieder, spricht zu ihnen, mahnt zur Buße und Einkehr, zu Gebet und Umkehr, ja, sie droht mit Strafe und schwerer Heimsuchung, wenn man ihr nicht folge, verspricht dagegen Frieden und Glück, wenn man sich ihr anvertraue. Die Presse hat manches von alledem berichtet. Am ausführlichsten ist die Zusammenstellung von Bruno Grabinski, einem gläubigen Katholiken („Flammende Zeichen der Zeit“, Max-Schacke-Verlag, Wiesbaden). Selbstverständlich hat es nicht an kritischen Stimmen gefehlt, die allen diesen Berichten von vornherein mit dem größten Misstrauen begegneten. Sie wiesen darauf hin, dass der gesamte Erscheinungskomplex der Vorgänge aus der von Kindesbeinen an von den Kindern aufgenommenen katholischen Vorstellungswelt entnommen sei, wonach sich ganz bestimmte Formen in der Mariendarstellung sozusagen schematisch wiederholen: Blaues Gewand, Schleier, Krone, Rosenkranz usw..

Man hat sogar die Eigenschaft der Eidetik oder Bildkraft der Seele herangezogen, die im Vor-Entwicklungsalter etwa 40 v. H. der Kinder in Mitteleuropa besitzen sollen. Sie besteht darin, dass einmal wahrgenommene Gegenstände (Objekte), besonders, wenn sie gefühlsbetont sind, mit absoluter Wirklichkeitstreue zu einem späteren Zeitpunkt noch einmal, absichtlich oder auch unabsichtlich, neuvorgestellt (reproduziert) werden können. Ähnlich verhält es sich bekanntlich bei manchen Künstlern, z. B. Malern und Bildhauern, die imstande sind, sich den darzustellenden Gegenstand, wenn einmal liebend erfasst, immer wieder plastisch und greifbar lebendig vorzustellen. Sind diese Erscheinungen etwa deswegen weniger wirklich, weil sie zunächst nur mit der Seele geschaut wurden? Ist nicht Raffaels „Sixtina", Böcklins „Heiliger Hain" oder aus neuerer Zeit: Sind nicht die herrlichen Tempelvisionen eines Fidus-Höppener Offenbarungen einer höheren Welt, die nur Begnadeten zuteil wurden?!

Man hat auch versucht („Badische Illustrierte" vom 18. 2. 50) die ganzen ungewöhnlichen Vorgänge dadurch zu entkräften und ad absurdum zu führen, dass man die Blickachsen einer der Marienerscheinung folgenden Kindergruppe verglich, wobei man feststellte, dass sie keineswegs alle auf denselben Fleck gerichtet waren, sondern augenscheinlich voneinander abwichen. Damit ist das Problem natürlich durchaus nicht gelöst. Eine Kraft, die sich 5 oder 6 Menschen gleichzeitig sichtbar darstellt, braucht sich schwerlich an die Vorschriften des Parademarsches zu halten. Sie wird in der Lage sein, jeder einzelnen Person nach ihrer Art und ihrer „Seh"-Möglichkeit nahe zu kommen. Es ist daher ganz richtig, wenn Max Baumann in der „Okkulten Welt" (Nr. 9 —10/1948) von einem „Einbruch transzendentaler Mächte ins Diesseits" spricht und die Halluzinationshypothese ablehnt. Diesem Standpunkt muss auch ich, als alter Psychiater, beitreten. Ich habe in jahrzehntelanger Praxis, wovon allein elf Jahre an großen Anstalten verbracht wurden, Tausende von Halluzinanten gesehen, in der Hauptsache Erwachsene der verschiedensten Krankheitskategorien. Halluzinierende Kinder selten. Sie sind an sich eine Seltenheit, wenn man von gewissen angeborenen Schwachsinnsformen absieht. In allen obigen Fällen handelt es sich aber um voll gesunde Kinder, die urplötzlich Erscheinungen hatten. Dies der eine zu erörternde Punkt. Der andere liegt in Folgendem: Wir alle kennen die Macht von Hypnose und Suggestion. Der unter fremden Willen Gebeugte kann Dinge und Vorgänge sehen, hören, riechen usw., die keine objektive Grundlage haben; und das kann sich u. U., wie u. a. gewisse politische Erfahrungen gezeigt haben, zu Massensuggestionen verdichten. In allen oben geschilderten Fällen fehlt aber die suggerierende menschliche Person vollkommen. Auch die Geistlichkeit scheidet ganz aus.

Und wie will man sich die Erhärtung (Verifikation) der Erscheinung durch das Ausbrechen der Quelle (Lourdes), das Schweben von Rosenkränzen und die Verbreitung von Rosenduft (Heroldsbach) erklären? Man denkt unwillkürlich dabei an das Freischweben von Tischen gegen jedes Gesetz der Schwere in den Sitzungen der Spiritisten. Fasst man alles zusammen, so scheint denn doch die starke Wahrscheinlichkeit dafür zu sprechen, dass bei all diesen untereinander so ähnlichen und doch wieder verschiedenen Vorkommnissen eine lenkende Hand hinter den Weltkulissen im Spiele ist. Eine Hand, die vielleicht durch die Irrwege eines Teils der Menschheit sich veranlasst sah, den Versuch der Herbeiführung einer Wendung in der Grundhaltung dieses Menschheitsteils zu machen.

Und noch eines: Nur auf katholischem Volksgebiet traten alle diese Erscheinungen und sonderbaren Vorkommnisse auf, von Portugal über Frankreich, Italien, Österreich bis Deutschland. Und oft – darüber wäre viel zu sagen – verbinden sie sich mit ungewöhnlichen Himmelserscheinungen, die – von zahlreichen Menschen beobachtet – offenbar zu ihnen in innerer Beziehung stehen. Die „rotierend“ und abstürzende Sonne, Kreuze und Schwerter sind eindeutige Unheilszeichen. Zeichen, die auf Leid und Schmerz, auf große Umwälzungen deuten. Und nicht umsonst wendet sich die Mahnung zu Gebet und Frieden, die Warnung vor Ungehorsam gerade an die unschuldigen, noch unbefleckten Kinder. Musste die Göttliche Urmutter sich etwa an Unmündige wenden, weil die Mündigen nicht hören gewollt? Sprach hier vielleicht das Weltgemüt im himmlischen Symbol, weil die Stellen, die es „eigentlich“ anging, dem Friedensruf gegenüber taub geblieben waren? Und wäre es nicht gut, wenn sich die Ecclesia militans wieder mehr auf ihre Aufgabe als Ecclesia orans et meditans besänne . . . ?! Aber, wer weiß, vielleicht verhallt Gottmutters Ruf doch nicht ganz ungehört und überraschende Entwicklungen rücken die aus den Fugen gegangene Welt endlich wieder ins **Gleichgewicht!**

Hier ist noch ein Wort am Platze über die seltsame, zweifellos aufregende Wahrnehmung der rotierenden und herabstürzenden Sonne (Fatima, Heroldsbach). Es handelt sich dabei natürlich nicht um einen objektiven physikalischen Vorgang, sondern um ein Phänomen, das man – da von zahlreichen Menschen gesehen – als subjektive Massenwahrnehmung bezeichnen kann. Was aber das Interessanteste ist: Hier spricht ganz dieselbe Symbolik, deren sich auch unsere Träume bedienen. Die gesamte Traumsprache fußt ja auf dem Prinzip des Symbols, und eine ganze neu-alte Wissenschaft baut sich auf der genaueren Kenntnis ihrer Einzeltatsachen auf.

Man muss nun wissen, dass kosmische oder Himmelssymbole stets auf Dinge weisen, die für die Allgemeinheit von besonderer Bedeutung sind. Sie können von erhebender, aber auch von erschreckender Art sein und müssen dementsprechend verstanden und gedeutet werden. Zu den letzteren gehört das Rotieren und Abstürzen der Sonne. Die Sonne, das ist die uns alle beseelende Lebenskraft, bei deren Versagen wir auch nicht eine Sekunde länger existieren würden! Ich selber, dessen ganzes Leben von vielen Wahrträumen begleitet und geleitet wird, träumte zehn Jahre vor dem zweiten Weltkriege, die bereits niedrig am Himmel stehende Sonne blähte sich urplötzlich zu riesiger feuerroter Fackel auf, um gleich darauf abzustürzen. Der Traum war entsetzlich und sehr beunruhigend. Seine Verwirklichung im großen Weltbrand liegt uns allen noch in den Gliedern. Wie viel Lebenskraft hat sie uns gekostet,

wie viel Blutopfer, Besitz und Land! Wie viel Weltgeltung und Selbstachtung! Sturz der Sonne, das heißt immer: Katastrophe!
Alle jene Zehntausende, die dergleichen in Fatima, Heroldsbach usw. sahen, befanden sich also in einem veränderten Bewusstseinszustand, sagen wir: In einer Art Wachtraum, der sie eine drohende Riesengefahr im Himmelssymbol vorausschauen ließ. Gottmutter aber, die weibliche Herrin der Welt, zeigte ihnen allen den Weg und die Möglichkeit, ihr vorzubeugen: Einkehr und Umkehr! Mögen sie alle die Warnung beachten und jeder an seinem Platz das Seinige tun!

6. Steriles Norddeutschland?

Die große Weltkraft, die solche Warnungen und Mahnungen beabsichtigte, konnte sich im katholischen Süden leichtlich der bereits tief im Volksbewusstsein verankerten Marienüberlieferung bedienen, die ihr sozusagen Kleid und Maske stellen musste, um sich rasch verständlich zu machen. Wie aber verhält es sich im Norden? Hier fehlen die traditionellen Voraussetzungen so gut wie ganz. Ja, die Masse der Durchschnittsprotestanten steht allem, was an Katholizismus erinnert, meistens recht feindlich und ablehnend gegenüber. Das mag im Interesse der Wegbahnung für den großen Gedanken bedauerlich sein, hat aber den Vorteil, dass Neuland gewonnen und bebaut werden kann, statt auf die nicht voll die Grundidee deckende Marienvorstellung zurückzugreifen. Die große Wahrheit der Allmutter bedarf keiner biblischen Legendengestalt, um den Bedürfnissen einer neuen Zeit gerecht zu werden. Statt Wasser auf die Mühle des Gewesenen und nicht mehr voll Entsprechenden zu leiten, muss eine Verehrungsform gefunden werden, die dem Herzensbedürfnis aller religiösen Deutschen Genüge leistet. Die noch altgewohnte Bezeichnung „Unsere liebe Frau“ kommt diesem Bedürfnis bereits weit entgegen. Sie bringt die große „Königin der Welt“ in eine nähere persönliche Beziehung zu dem Betenden und Verehrenden. Alle Möglichkeiten, erhabenere Namen zu gebrauchen, bleiben offen. Sie ergeben sich, wenn erst einmal die Idee erfasst und innerlich aufgenommen ist, ganz von selber. Die Vorarbeit hierzu ist, ohne dass es diesbezüglich den meisten bewusst wurde, bereits im vollen Gange. Sie heißt praktisch: Frauenbewegung, Welt-Mütter-Bewegung, Welt-Friedensbewegung. Es sind das soziale, politische, wirtschaftliche, ideologische, auch rechtliche Bestrebungen, die in ihrem Kerne nichts anderes darstellen, als praktische Auswirkungen bzw. Vor-Verwirklichungsstufen unseres Grundgedankens. Ihre Krönung können sie nur finden in einer religiösen Neu-Inthronisierung der Großen Weib- und Mutterkraft. Sie braucht, will

sie endgültig Bestand haben, eine Neu-Verankerung im Bewusstsein und Gemüt der Völker. Ja, gerade und ganz besonders unseres eigenen zerschlagenen, gedemütigten und getretenen Volkes, das heute abbüßt, was es an Irrwegen und Fehlgängen auf sich geladen hat (bzw. was man ihm aufgeladen hat!). Welcher Weg aber ist einzuschlagen, um dieses unbeschreiblich hohe Ziel zu erreichen?
Es kann nur in der Neugewinnung eines religiösen Gefühls, in der Betrachtung heimatlicher Naturgaben gefunden werden: Gewisser Landschaftsformen, Quellen, Haine (Wälder) und – vielleicht – Berge. Ja, es muss gerade dort sehr viel Neuland entdeckt, erkannt, erobert werden, wo einstmals das Volk seine Verehrungsstätten besaß! Manches Heilbad muss der inzwischen vor sich gegangenen Über-Verweltlichung, die einer reinen Entartung gleichkommt, vorsichtig entwunden und wieder mit einem tieferen Seelengehalt erfüllt werden. Mit einem Inhalt, den es einstmals besaß. An Stelle der Geschäftspropaganda, der Kundenwerbung, des Jahrmarktsgeklingels muss etwas Tieferes, Besseres, Heiligeres treten. Statt „Seine Majestät der Kurgast“, der sich – wenn er nur zahlt – am Badeorte nach Belieben austoben kann, muss es einmal wieder heißen: Der heil-suchende Pilger oder Wanderer, der mit Liebe aufgenommen und nicht nur mit Brunnenwasser, Bädern und Musikinflation, sondern mit Gaben des Geistes und der Seele erquickt wird, die ihm die Kur zu einem wahren Feiertag und die Heilruhe zu rechten „Ferien vom Alltags-Ich“ machen. Es ist also anzuknüpfen und neu zu schaffen, wo die Entwicklung in grauen Zeiten abriss. Statt der Amüsierbäder gründe man ein Neues, wie etwa Heil-Wallfahrtsorte, die in der Wieder-Verknüpfung der Menschen mit dem kosmischen Urgrunde eine Hauptaufgabe sehen und damit einen echten religiösen Aufgabenkomplex erhalten, der wahrlich nicht seinesgleichen hat.

7. Heilige Quellen in Deutschland

Aus dem Kranze der heute verweltlichten Bäder greife ich Pyrmont heraus. Noch heute sprechen die Straßen „heiliger Anger“ und „hylliger Born“ von dem alten Heiligtumscharakter des lieblichen Ortes. „Er ist“, schreibt Herbert Pritsche, „alter Heiligtumsboden voll Quellen- und Brunnenmysterien“. Hier wurde einstmals von Priesterinnenhand das Wasser gereicht, wurde Seherschaft erworben und – in Zusammenwirken mit dem Feuerheiligtum auf dem nahen Schellenberg – die weibliche Urkraft der suchenden Seele zugänglich gemacht. Die Weihegaben des Quellenfundes von 1863 geben noch jetzt Zeugnis des einstmals Gewesenen. Germanen wie Römer waren die Stifter. Wer aber gesellt künftig zum Kurpark den „heiligen Hain“, wer wirft das Steuer herum und stellt im Quellentempel das symbolische Bildnis, die liebliche Statue auf, die das gebende Erbarmen der Mutterkraft, die Quelle der Verjüngung darstellt, nach der wir alle uns sehnen?!

Leugnen wir nicht, dass der katholische Süden hier manchen Hinweis und manche praktische Belehrung zu geben vermöchte, wenn uns auch die eigentliche schöpferische Neuformung eines alten Gedankens selber überlassen bleiben muss . . . !

Reich und vielgestaltig ist unser Land. An Möglichkeiten, das verlorene Gut neu zu erwandern, zu erfassen, zu beseelen, bietet es eine Fülle. Die Wanderjugend, die sich in den zwanziger Jahren auf dem altheiligen Hohen Meißner zusammenfand, die völkischen Scharen, die vor dem zweiten Weltkriege zu den Externsteinen, einem alten Stern-Heiligtum der Ahnen, strebten – an 40000 im Jahre! – die religiösen Sucher, die in den dreißiger Jahren alljährlich in Questenberg am Harz alten Spuren nachgingen, sind sprechende Zeugen der großen Sehnsucht vieler Herzen. Und hat nicht Hildesheim noch jetzt seine Bernwardsquelle, die wohl einmal anders hieß? Steht nicht der katholische Dom von Paderborn unmittelbar über den Paderquellen? Zeugen nicht die Namen

Heilbronn und Heilbrunn noch immer von der einstigen Bedeutung dieser Orte? „Heil" und „heilig" sind nicht umsonst vom gleichen Wortstamm.

Der Niederbruch unserer gesamten „Kultur" ist heute so grundstürzend, der innere Verfall so total, dass wir an die Urwurzeln anknüpfen müssen, wenn wir wirklich etwas Neues aufbauen wollen. Wilhelm Teudts Wort, er sprach es in Oesterholz auf einer der gemeinsamen Fahrten aus: „Wir müssen wieder ganz von vorne anfangen!" ist dabei, Wahrheit werden zu wollen. Es gilt in der Tat, die Heimat gänzlich neu zu sehen, zu erobern, zu erschließen! Um das zu können, müssen wir sie zunächst erwandern. Mit neuen Augen will gesehen, mit neuen Herzen erfühlt sein, was an uraltem Gut in den Dingen schlummert. Die Steinsetzungen von Stonehenge in England (Grafschaft Salisbury), von Cardac-Menec bei Lorient in Westfrankreich, im Alter unseren Externsteinen gleich (fast zwei Jahrtausende vor der Ztw.), sind erhabene Denkmale, die das Volk noch heute ehrt. Und vieles gibt es in unserem Lande neu zu entdecken, das vom Moose der Jahrhunderte überwuchert ist.

Wir haben in der Zeitschrift „Asgard" (1940, Heft 3(4) im Aufsatz „Neue Heiligtümer aus alter Zeit" auf das westfälische Giersfeld im Amte Fürstenau bei Osnabrück hingewiesen, dessen 8 gewaltige Steinkreise schon vor 100 Jahren die Aufmerksamkeit der Forscher auf sich zogen und das von E.W. Heine als Stützpunkt uralter himmelskundlicher Forschungen aufgefasst wurde. Das ganze sagendurchwobene Giersfeld ist heute mit christlichen Verehrungsstätten besetzt, hinter denen sich für den Sachkundigen die alte Ahnentradition verbirgt. Der von Teudt als Sitz einer alten Ostara-Verehrung neuentdeckte Gutshof Gierke bei Oesterholz gehört auch in diese Reihe. Die das Grundstück umgebenden Mauerwälle sind Richtmauern, nach Fixsternauf- und -untergängen geortet, die stets auch in der Himmelswissenschaft hochstehender Südvölker eine Rolle gespielt haben: Sirius, Orion, Capella, Castor. Das wunderschöne Buch von Fritz Mielert „Deutsches Ahnengut in Westfalenland" (Heger-Verlag, München) bringt weitere Belege für

das, was einmal unser war. Es führt den Leser an wissender Hand zu den Freyaquellen, Opferstätten, Wallburgen, Balderstätten und Seherinnensitzen des uralten Landes.
Aber das ganze altsächsische Land ist übervoll von Erinnerungen. War nicht das „Wieheholz“ bei Soltau in der Lüneburger Heide einst ein „heiliger Hain“? Ist nicht in Bevensen bei Uelzen noch heute ein weihnachtlicher Siebensternleuchter im Gebrauch, dessen Querbrettchen eine Eh-Rune tragen? Ist nicht der berühmte „Upstalsboom“ in Ostfriesland, wie insbesondere Dr. Röhrig (in seiner Schrift „Heilige Linien durch Ostfriesland“) nachgewiesen hat, ein uraltes bronzezeitliches Sonnenheiligtum gewesen?
Vieles ist ganz ohne Zweifel von dem mit dem Schwerte eindringenden Christentum gesündigt, viel Heimatgut ging unwiederbringlich verloren. Wer aber wollte leugnen, dass die vom ursprünglichen Christentum gebrachte Verinnerlichung und Durchseelung des Lebens auch große Ersatzwerte in sich barg, die endlich in dem allmählich sich ausbauenden Marienkult ihre Krönung empfingen! Wie sehr in ihn alte himmelskundliche Vorstellungen und Tatsachen eingegangen sind, haben wir selbst (in dem Buche „Die Große Heimkehr“) gezeigt. Nun aber ist die Zeit reif geworden, eine weitere Anschauungsstufe zu erklimmen, die allen religiösen Suchern zugänglich ist. Wir müssen die große kosmische Weibkraft, den erhabenen Mutterschoß neu erkennen, für den „Maria“ nur eine Maske, nur ein Durchgang ist. Freilich eine Maske, der kluge Priesterhand vielfach ihre kosmischen Merkmale (Krone, Sternenkranz, Mondsichel, Balderkind mit dem Erdenapfel) beließ. Wer aber reif genug ist und die Segensverbindung mit der großen Mutter sucht und ersehnt, der rufe sie mit Vertrauen an in welcher Form immer – und sie wird sich ihm offenbaren! So habe ich selbst sie vor Jahren gefunden und gesehen als uralte erhabene Frau, als schwebende Göttin, die mir neue Ziele wies, als tröstendes Antlitz, das keines seiner Kinder vergaß! Und wiederum habe ich sie mit meiner Eheliebsten erwandert und in ihren heimatlichen Masken und Spiegelungen aufgespürt. Da war die Landschaft um die

Einhornhöhle bei Scharzfeld im Südharz, wo der Goldbach fließt und die weite Lichtung in Mondgestalt eine rechte Ehrungsstätte wäre. Und ist nicht „ein Horn" rein kosmisch zu verstehen als: Der Mond? Da war das Gebiet des Hohen Meißner mit Steinaltären und Schöffenplatz, mit Spielbahn und Frau-Hollen-Teich, wo tief in grüner Waldeinsamkeit eine Quelle sprudelt. Sie ist nur schwach und klein. Das Ganze ein Bild der Vernachlässigung und Trauer. Ging es den Deutschen so schlecht, weil sie die Himmlischen ihres Landes vergaßen? Eine Sprungschanze hat man in der Nähe angelegt. Wer aber wagt den größten Sprung in die Vergangenheit dieser Landschaft . . . ?

Weit wichtiger noch ist das bis 600 Meter ansteigende Hörnemassiv, das dem Meißner ostwärts gegenüber liegt. Wir wandern von dem lieblichen Werrabad Sooden-Allendorf in dreiviertel Stunden zum prächtigen Schloss Rothestein, das in den neunziger Jahren an Stelle der alten Osterburg erbaut wurde. Es ist der Wächter des mächtigen Hörnemassivs, das sich gleich dahinter erhebt und schon durch seine seltsame Form den Blick fesselt. Wie drei um einen Mittelpunkt (die Kuppe) kreisende regelrechte Halbmonde sind seine grauweißen Muschelkalkfelsen geordnet. Sollte es „Zufall" sein, dass die hier beheimateten Adelsgeschlechter v. Hanstein, v. Bodenhausen usw. just „drei Halbmonde" im Wappen führen? Dass das Hansteinwappen noch dazu eine Säule führt, die hier vielleicht vor über tausend Jahren auf den Bergzinnen stand, ein Irminsäule-Symbol des germanischen Widderzeitalters, die gestürzt ward, wie sie alle?!

Zwischen Schloss und Hörne- (eigentlich „Hörner") Kamm liegt im dichtesten Walde des Hörnekessels, einstmals ein blühendes Dorf: Ammichenrode. Allerhand Küchenkräuter erinnern noch heute daran. Hier lag einmal die „Untere Kirche", noch heute an der gotischen Doppeltür, den gotischen Sandsteinfenstern kenntlich. Man hat einen Viehstall daraus gemacht und nennt ihn „Kregers Häuschen"! Eine Tür und zwei Fenster sind vermauert, breite Kuhfladen liegen vor dem Eingang. Und doch, welch ein Platz ist dies für eine Gottessiedlung, mit dem Blick auf den begrünten Kranz der Berge!

Der Weg führt weiter, immer entlang am Hainbach, wie auch der Kesselwald noch heute „Hainwald“ heißt. Im Steigen finden wir eine zweite Ruine, die „Oberste Kirche“. Eine der ältesten deutschen Kirchen überhaupt. Gründungsjahr 802! Apsis und Schiff, aus grobem Gestein, ragen noch einen Meter aus dem Waldgrunde. Wir trinken aus dem Quell des Hainbaches, mit allen Schauern, wohl wissend, dass hier einmal heiliges Land war! Land der Allmutter! Wir werfen uns nieder und bitten um fruchtbares Leben, ein Wunsch, der bei einer von uns sehr unerwartete Erfüllung fand: Sie fand Mann und Kind! Wunschkräfte sind an gewissen Stellen der Heimat von stärkerer Kraft!

Verlassen und vergessen ist auch die gewaltige Rhumequelle, die etwa 10 km südlich von Herzberg (Harz) bei dem Dorfe Rhumspringe zutage tritt. Die größte Quelle Deutschlands, vielleicht Europas! In Wirklichkeit nicht eine einzige, sondern eine große Anzahl von Quellen, wohl 100 oder 200. Auf einem Gebiet von fünfzig Metern im Geviert steigen brodelnd die Wasser, drehen sich kreiselnd und fließen ab. Inmitten liegt der Hauptquell, den man über eine kleine Brücke erreicht. Der Hauptquellkessel, 20-30 m im Durchmesser, soll nach Wüstefeld zehn Meter, nach mündlichen Berichten 30-35 Meter tief sein. Das sehr kalkhaltige Wasser ist kristallhell, sehr klar und schimmert in herrlicher blaugrüner Eigenfarbe. Die Gesamtquelle fördert je Sekunde die ungeheure Menge von 4000-4500 Liter Wasser zutage. Das wären an einem Tage fast 400 Millionen Liter! Die Wasserwärme hält sich stets gleichmäßig bei 8 Grad. Eine große Fülle seltener Pflanzen und Vögel haust um die paradiesische Quelle.

Die Sage kündet von der Nixe Rhuma, die – als Frau Holdas Lieblingsnymphe – einstmals hier herrschte und, als das Christentum eindrang, von der Göttin in eine Silberforelle verwandelt wurde. Wer die rechte fängt, wird Herr des Rhumesprungs und seines Gebietes. Auch die Sage von Romar und Rhuma gibt Hinweise auf die alte Heiligkeit des Ortes. Es ist sicher, dass die Kirche, diesen Kult vorfindend, ihn nicht gleich auszurotten vermochte und daher die

sagenhafte „Heilige Ruma“ fand oder erfand, die im Jahre 523 im fernen unbekannten Arabien den Märtyrertod gestorben sei. Noch heute kommt an Ort und Stelle der Name als Vorname vor, ihn damit erhaltend für alle Zeit. Für alle Zeit? Muss nicht erst die Stunde kommen, wo suchende Wanderscharen die herrliche Riesenquelle und ihr unvergleichliches Symbol wiederfinden, neu entdeckend, neu inthronisierend? Die Kirche selbst schlug die Brücke von gestern zu morgen. Einmal schon ging ein großes Erwachen der Geister von dieser Landschaft um die Rhumequelle aus. Das war, als König Heinrich, dessen Vogelherd noch heute als „Heinrichs Winkel“ vorhanden ist, in Pöhlde seine Kaiserpfalz hatte. Was ist ein Jahrtausend in der Großgeschichte eines Volkes?! Mag nicht die Zeit näher sein, als viele glauben, da die Einhornhöhle und ihre lieblichen Wiesen von der Volksseele wahrhaft neu entdeckt werden? Wo die Gottesstätten im Hörnekessel abermals bewusst der Allmutter zugesprochen werden, der sie in Wahrheit gehören? Wo Ehrenhaine, mit herrlichen Bildnissen, beschützt durch Tempelkapellen, zu Stätten der Andacht und Verehrung werden? Stätten, die allen religiösen Deutschen heilig sind, ohne Ansehung des „Bekenntnisses“?! Das Bekenntnis zur Königin der Welt im heimatlichen Gewände ist genug!
So könnte der Harz, als Herzraum des alten Reiches, auch einem neuen Reiche zum Herzraum werden, wo sich die Kraftströme des Volkes sammeln, besinnen und eine neue Blüte vorbereiten. Ja, wer weiß, ob nicht eine neue geistige Eroberung des Ostens von hier aus eingeleitet werden könnte, die ausschließlich von religiösen Kräften getragen und im Volksganzen wurzelnd, eine ganz andere Dauer verspricht als der bisher zu aller Schaden immer wieder versuchte Weg der Gewalt?!
Eines aber muss vorausgehen, nämlich die klare Erkenntnis: Deutsche, erwachet! Erwachet zu den Heilkräften und Seelenschätzen eures Landes und eures eigenen Gemütes!

8. Die Königin der Welt

Tausend Masken trägt sie, die erhabene Königin der Welt. In Sternen und Menschen, in Tieren und Pflanzen offenbart sie sich. Und wo sie Menschenantlitz trägt, da sind es in der Regel Frauen aus dem Volke, jungfräuliche Gemüter, die sie am liebsten begnadet. Von der pythagoräischen Seherin Theano bis zu Veleda und Albruna in Germanien, von Katharina Emmerich bis zu Bernadette von Lourdes, immer waren und sind es Landmädchen, Hirtinnen, einfache Menschen, die den Strahl von oben zuerst empfangen. Mögen sich die Nichtkatholiken nicht an der katholischen Umwelt stoßen, in der ein „Sonnenwunder" von Fatima oder Heroldsbach beobachtet, in der die zahlreichen Marienerscheinungen das Sprachrohr höherer Mächte wurden. Der trockene Verstand des protestantischen Nordens, dem Einstrom des Jenseitigen weniger empfänglich, auch wohl in mancher vorgefassten Meinung erstarrt, ist vielfach nur als Zeichen zu werten, wie sehr manche Volksteile die Fühlung mit den Mutterkräften des Seins verloren haben. Es müssen ihm erst wieder neue Aufnahmeorgane, Seelenantennen wachsen. Und der erste Schritt zur großen Wahrheit hin ist die Erkenntnis der besonderen Heiligkeit, d. h. Jenseitsverbundenheit bestimmter Orte der Natur, von der schon Schiller sagte, sie sei „eine tausendfach gespaltene Gottheit", und Novalis, sie sei wesentlich weiblich und sei „Jungfrau und Mutter zugleich". Schwer hat es sich an den Völkern des Abendlandes gerächt, dass dieses große Machtzentrum, dieses Ausstrahlfeld größter Gnaden vergessen wurde. Die Verrohung der abendländischen Politik und Sitte, die Verarmung des Kultlebens an echten Gemütswerten sind die Folge. Immer wieder sucht Gottmutter die Herzen der Menschheit neu zu erwecken. Sie ringt auch heute, wo es um Sein oder Nichtsein der ganzen, bisher führenden weißen Rasse geht, mit verstärkten Kräften um ihr Neuerwachen. Das größte Hemmnis dabei sind die starren, selbst innerlich unfruchtbar gewordenen Menschengruppen, die wie Fafner auf dem Horte sitzen:

„Ich lieg und besitze!“ und dem Manne die Krone der Alleinherrschaft erhalten wollen, die er so schwer missbraucht hat. Alle Fortschritte in der Neu-Durchsetzung des Allmuttergedankens mussten den Maßgeblichen abgerungen werden, „und viele der Heiligen, die wir anrufen,“ lässt Franz Werfel den Bischof sagen, „waren zu ihrer Zeit für die Kirche nur eine Verlegenheit!“ Der gesamte Marienkult ist dessen Zeugnis. Erst die jüngste Zeit lässt, wie wir zeigten, Hoffnungen zu. Wir brauchen in der Tat den Gegenpol des übersteigerten Mann-Partners, den Hort des Friedens und Erbarmens, die seelische Ruhestätte für alle Gehetzten und am Leben Krankenden, für alle Mühseligen und Beladenen. Was der Mann sündigte, wird das Weib wieder gut machen. Wo er versagte, hebt sie ihr Haupt, die Königin der Barmherzigkeit, die wahre Königin der Welt . . .
Wir hatten eine Berolina, wir haben noch heute eine Bavaria – weltliche Vorstufen geistig-geistlicher Neubesinnung. Werden wir einmal eine Magna Mater Germaniae haben? Werden wir einmal eine göttliche Mutter aller Quellen und Wälder haben? Weithin im Lande Tempel-Kapellen der Waldeinsamkeit, wohin die zerschlagenen Seelen wallfahrten? Wann wird die große Königin der Welt neu ihr Zepter erheben in den allzu sehr verweltlichten und vermarkteten Bädern? Reift nicht die Zeit, wo abseits vom Alltagslärm Haine und Steine, Erdenmund und Blütenfelder Sprache bekommen, wo die Himmelsglocke neu ertönt, heute erst schüchtern von ersten Jüngern der großen Königin angeschlagen? Wo neue Gebete in erneuerten Tempeln die Massen vereinigen:

Wir beten an des Lichtes Fülle,
Das hinter allen Dingen thront,
Wir beten an die große Stille,
Die über dem Erschaffenen wohnt!

Du bist es, Meisterin des Raumes,
Die unser Glück am Herzen hält!

Du bist es, Herrin dieses Traumes,
Ja, aller Träume dieser Welt!

Und ob sich nicht endlich zum einseitigen „Vater Unser“ der Kirchen das Mutter-Unser gesellt, das heute erst wenige beten:

„Mutter unser,
Du Allgegenwärtige!
Dein Reich ist auf Erden,
Wie in den Himmeln !

Du willst den Frieden,
Du willst die Liebe,
Du das Erbarmen!
Und wir mit Dir!

Hör unser Flehen,
Trockne die Tränen,
Gib Saat und Ernte,
Segne Mensch und Tier!

Mutter unser!
Heil unser Volk und Land
Von ihren schweren Leiden!

Mutter unser!
Lass Deine Gnade leuchten
über allen Völkern
In Ewigkeit!“

Weitere Bücher aus dem Christof Uiberreiter Verlag:

Das goldene Blatt der Weisheit
Seila Orienta/Franz Bardon

Zum ersten Mal in der okkulten Literatur wird die 4. Tarotkarte des Hermes Trismegistos verständlich beschrieben und offengelegt. Sie beinhaltet unbekannte Konzentrations- und Meditationsübungen. Des Weiteren gibt sie Hinweise und erklärt die Unterschiede zwischen Magie und Mystik und Gefahren des einseitigen Weges. Am Ende steht die Verbindung mit der universellen Gottheit, dem Herrn der Sonnensphäre, welcher quabbalistisch „Metatron" genannt wird.

*

5. Tarotkarte – Mysterien des Steins der Weisen
Seila Orienta/Franz Bardon

Dieses Buch stellt die Vorderseite der Alchemie dar, die die einzelnen praktischen Übungsschritte erklärt, ohne die verschlüsselten Mystifikationen der alten Alchemisten auch nur annähernd zu erwähnen, wie man es aus den anderen Büchern des Franz Bardon kennt. Es wird erklärt, dass ohne vollkommene Beherrschung der 4 Elemente keine Alchemie möglich ist. Des Weiteren wird mit den einzelnen Ebenen, mit den Matrizen, dem elekromagnetischen Fluid usw. gearbeitet. Doch der Hauptpunkt stellen die göttlichen Eigenschaften wie z. B. die Allmacht dar, mit denen der Göttliche Stein der Weisen durch gewisse Übungen geladen wird.

*

Talismanologie und Mantramkunde
Seila Orienta/Franz Bardon

Zum ersten Mal werden hier (magisch) geladene Mantrams – Gebetssätze – preisgegeben, welche bei nötiger Reife, Ausgeglichenheit und Reinheit durchdringende Erfolge versprechen.

Mantrams sind ja nach Bardon nicht irgendwelche „Suggestionssätze“, sondern sie sind Ideenausdrücke, mit denen man mit Mächten, Kräften, Eigenschaften, also Gottheiten, in Verbindung kommen kann. Gleichzeitig werden die dazugehörigen Siegelzeichen der göttlichen Ideen preisgegeben, welche im rituellen Zusammenhang mit den Mantrams stehen. Ein Buch, dass nicht nur die Hermetiker sondern auch die Anhänger der Yogawissenschaften inspirieren wird!

*

Eine Sammlung der schönsten und lehrreichsten Beschwörungsgeschichten

Hohenstätten

Dieses Buch ist einzigartig, denn es zeigt den zweiten Band von Franz Bardon an Hand von interessanten Evokationsberichten, die genau das bestätigen, was Bardon in seinem Buch geschrieben hat, und noch darüber hinaus. Es werden sensationelle Erlebnisse geschildert, die man sonst niemals findet. Auch aus unveröffentlichten Schriften wird zitiert.

*

Verkörperungen des Meister Arion

Hohenstätten

Man wird beim Lesen dieses Buches nicht glauben, wie viele bekannte und unbekannte Inkarnationen Franz Bardon hatte. Die paar, die im „Frabato“ bekannt gegeben wurden, stellen nur einen geringen Teil seiner Verkörperungen dar. Wir mussten, da es dermaßen wenig Literatur über die Verkörperungen gab, wieder hunderte und aberhunderte von Büchern, Aufsätzen, Zeitschriften und Artikeln durcharbeiten, bis wir genügend Material für dieses Buch hatten. Aber der Leser wird sich beim Lesen sicherlich über unsere Arbeit freuen, denn sie wird ihn in Erstaunen versetzen!

Shamballa, der goldene Tempel des Lichts
Hohenstätten

Dieser Tempel dürfte jeden Leser von Bardons Roman „Frabato" fasziniert haben. Dass es aber in der okkulten Literatur noch viel mehr Informationen darüber gibt, die man aber nur findet, wenn man alles Veröffentlichte gelesen hat, dürfte dem einen oder anderen unbekannt sein. Es wurden wieder ganze Stöße von Büchern durchgesehen und das Ergebnis wird hier veröffentlicht. Es wird aber gleichzeitig darauf hingewiesen, wie viel Schundliteratur es darüber gibt, wie viel Lügen im Umlauf sind, damit sich der Schüler der Hermetik ein klares Bild machen kann. Wir bringen in diesem Buch alles, was wir an Material darüber gefunden haben und es wird auch noch einiges aus der eigenen Erfahrung, was das Wertvollste ist, mitgeteilt. Nicht nur über den Tempel wird berichtet, sondern auch über die damit verbundene „Bruderschaft des Lichts", dessen Sitz er darstellt.

*

Auf der Suche nach Meister Arion
Hohenstätten

Diese Autobiographie eines Schüler der Hermetik des Franz Bardon schildert sein magische Leben, in welcher zahlreiche Erfahrungen zu den Übungen aus dem Adepten geschildert werden, die die Hauptperson selbst erlebt hat. Es wird der schwere Weg des Adepten aus autobiographischer Sicht gezeigt, seine vielen Tiefschläge, aber auch seine glanzvollen Seiten und Zeiten. Der harte Kampf mit dem Seelenspiegel wird bis in alle Einzelheiten aufgezeigt, genauso wie die vielen anderen Wege, in welche der Autor reinschnupperte um dadurch reichlich Erfahrung sammeln zu können. Darüber hinaus enthält es unzählige Erfahrungen und Berichte betreffs Mantramistik nach Bardon, die wahre Runenmagie, zahlreiche Evokationen sowie Invokationen mit seinem Lehrer Anion, einen magischen Exorzismus, wie er bisher noch nie öffentlich geschildert wurde.

Mentalreisen, Beeinflussungen, Übungen zur Gottverbundenheit, Erscheinungen, Alchemie, Heilungen mit den verschiedensten magischen Methoden z. B. Quabbalah oder durch die Elemente, Schutzgeistevokationen und viele andere magische „Wunder“ seines Freundes und Lehrers Anion. Auch einige magische Fotos in Farbe, ein bisher von Bardon unveröffentlichtes Akashafoto von Christus und ein Bild des schwebenden Meister Arion werden in diesem Buch preisgegeben. Der Inhalt ist viel reichlicher, als hier kurz beschrieben werden kann.

*

Magisches Gleichgewicht
Hohenstätten

Dieses Buch zeigt eindeutig, dass in allen anderen Systemen das „Gleichgewicht“ genauso gebraucht wird, wie bei Bardons Werken. Er war nicht der einzige, der das erwähnte, aber er war der erste, welche es deutlich erklärte, denn die anderen Systeme sprachen nur durch das Symbol, welches nicht jedem Leser verständlich war. Obendrein bringen wir nochunveröffentlichtes vom Meister Arion zu dieser Grundlage der magischen Entwicklung.

*

Das Leben und die Erfahrungen eines wahren Hermetikers
Seila Orienta

Diese Autobiographie eines Magiers ist unübertroffen, denn bis jetzt hat kein einziger, okkult Geschulter, so offen und ehrlich gesprochen wie Seila Orienta. Er gibt in diesem Werk sein Leben bekannt, sowie seine zahlreichen und äußerst interessanten Erlebnisse und Erfahrungen. Es werden auch zum ersten Mal Fotos von Wesen der Sphären gezeigt, welche Franz Bardon höchstpersönlich in den 20ern gemacht hat. Des Weiteren schreibt Seila Orienta über die Sphären, über Dämonen, Logenkontakte und vieles vieles mehr, was einem ehrlich strebenden Hermetiker das Herz übergehen lassen wird.

Das Leben des Franz Bardon

Hohenstätten

Dieses Buch beschreibt das Leben des Meisters außerhalb des Frabatos, welches seine Sekretärin – Otti V. – geschrieben hat. Es beinhaltet Erklärungen zu seiner „Biografie“, weitere Einzelheiten über den Kampf mit der FOGC, seine Beziehung zu Wilhelm Quintscher und anderen Okkultisten, was alles bisher unbekannt war! Des Weiteren werden viele Erlebnisse seiner Schüler in Prag erzählt, verschiedene magische Leistungen und interessante Geschichten Bardons beschrieben, die bis dato unveröffentlicht sind. Es werden auch seine drei Lehrwerke und deren Wirkung auf die Öffentlichkeit von einem anderen, unbekannten Standpunkt geschildert, welcher durch bisher schwer zugänglichen Schriften unterstützt wird. Als Krönung wird seine aus dem tschechischen übersetzte „Runenschrift“ zum ersten Mal veröffentlicht. Auch einige Seiten aus anderen unveröffentlichten Schriften von ihm sowie interessante Fotos des Meister Bardon und seiner Freunde werden hier Preis gegeben und vieles, vieles mehr.

*

In Verbindung mit der Gottheit

Hohenstätten

Über das Thema der Gottverbundenheit mit all seinen Formen und Methoden wurde bis heute noch nie ein Buch verfasst geschweige denn eine Schrift geschrieben. Man findet in der okkulten wie in der östlichen Literatur nur spärliche Hinweise, die größtenteils verschlüsselt sind oder so geschrieben wurden, dass man sie kaum versteht. Im Gegensatz dazu wird in diesem Buch offen dargelegt, dass das 1. kleine Arkanum der 78 Tarotkarten die Gottverbundenheit in ihrer Reinform darstellt.

Hermetische Heilmethoden
Hohenstätten

Dieses Buch stellt in der okkulten Literatur ein absolutes Unikum dar, denn über die Gesamtheit der okkulten Heilmethoden wurde bis jetzt noch NIE etwas sinnvolles geschrieben. Es werden alle Heilmethoden erwähnt, die der hermetische Schüler mit Hilfe seiner bisher erlangten Konzentrationsfähigkeit ausüben und verwenden kann.

*

Erste hermetische Zeitschrift

„Der hermetische Bund teilt mit“ ist eine der wenigen magisch-mystischen Zeitschriften, welche sich soweit als möglich auf die universelle Lehre von Franz Bardon bezieht. Sie versucht sich an die Gesetze des 4-poligen Magneten zu halten und vermittelt Wissen sowie Hinweise für die Praxis, damit der Leser die Möglichkeit hat, sie in seinen hermetischen Weg aufzunehmen und für sich gewinnbringend zu verarbeiten.

Noch viel mehr hermetische Literatur finden Sie auf unserer Website: http://www.hermetischer-bund.com.

Viel Vergnügen beim Stöbern!

Der Verlag

www.ingramcontent.com/pod-product-compliance
Ingram Content Group UK Ltd.
Pitfield, Milton Keynes, MK11 3LW, UK
UKHW020229250726
13967UKWH00001B/267